Hippolyte Durandeau

Améliorez votre potentiel !

Hippolyte Durandeau

Améliorez votre potentiel !

Tout est possible à celui qui croit !

Éditions Croix du Salut

Imprint

Cover image: www.ingimage.com

Publisher:
Éditions Croix du Salut
is a trademark of
International Book Market Service Ltd., member of OmniScriptum Publishing Group
17 Meldrum Street, Beau Bassin 71504, Mauritius

Printed at: see last page
ISBN: 978-613-7-36476-5

Améliorez votre Potentiel !

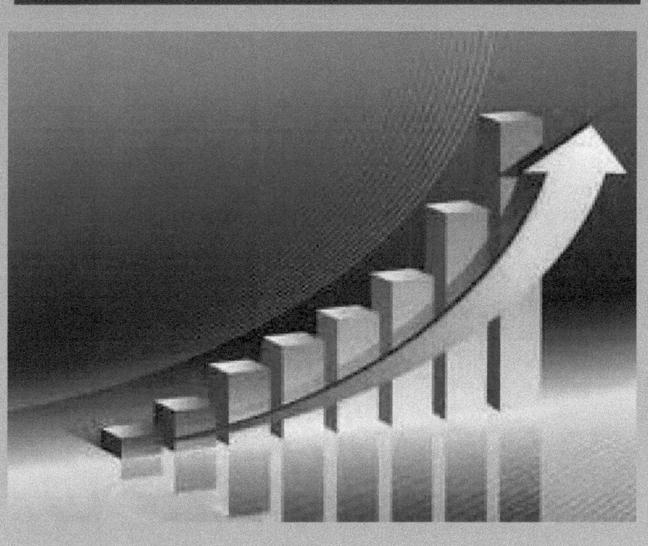

Hippolyte DURANDEAU

AMELIOREZ VOTRE POTENTIEL !

PASSER DU REVE A LA REALITE EN CHANGEANT DE MENTALITE

Hippolyte DURANDEAU

PREFACE

Ce livre a pour objectif de mettre à votre disposition quelques principes qui vont vous permettre de rendre visibles et opérationnels les talents qui sommeillent en vous.

« *Car tout est possible à celui qui croit.* »

REMERCIEMENTS

Je veux remercier l'Eternel mon Dieu qui a permis que ce livre voit le jour.

Un grand merci, à Flora, ma femme, qui durant tout le parcours de ce livre, a été une aide précieuse et une partenaire fidèle.

Merci à mes enfants : Anne-Chloé, Paul-Alexandre, Jean-David, Samuel, Pierre-Emmanuel, Clovis, Prince qui ont su m'encourager.

Merci également à mes parents Roger Et Marie qui m'ont donné le jour. Merci à mes frères et sœurs : Euloge, Joé, Jean-Dieu, Angèle, Clarisse. Merci à ma belle-famille : Alain, Angeline, Guy-Blaise, Nelly, Nathalie, Liliane, Diango et Tatiana.

Je veux remercier un couple d'amis, Yvette et Franco pour qui j'ai beaucoup d'estime. Franco a été d'un conseil précieux.
Je remercie enfin tous ceux qui, de près ou de loin, ont su investir en moi ; plus particulièrement notre église Christ Lumière des Nations, Isabelle et Alphonse Zoa, Jean-Marie Mutono, Charles Talingano, Paul Goulet.

PREMIERE PARTIE :

JE VOIS LOIN

CHANGEZ VOTRE REGARD

Les choses deviennent possibles quand vous changez votre manière de penser.

Quand vous changez votre manière de voir les choses, votre manière de penser change aussi.

« Ne vous conformez pas au siècle présent, mais soyez transformés par le renouvellement de l'intelligence, afin que vous discerniez quelle est la volonté de Dieu, ce qui est bon, agréable et parfait. »

Romains 12 :2

AYEZ UN RÊVE EN VOUS

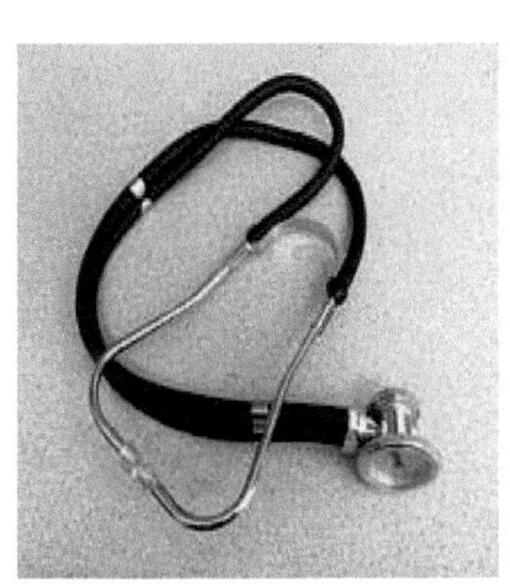

Décidez ce que vous voulez être

Personne d'autre ne peut rêver à votre place. Votre rêve est comme un bébé dont vous devez en prendre soin, c'est-à-dire le protéger. Parce qu'un grand rêve a toujours suscité des convoitises, il a aussi besoin d'être nourri tous les jours pour l'amener à maturité.

Car votre choix déterminera votre destinée. Il enfante votre héritage de demain.

SOYEZ UN VISIONNAIRE

Ayez toujours un but et un objectif clairs.

Une vision est toujours incomprise et parsemée d'embûches. Vous avez besoin de persévérance pour aller jusqu'au bout.

« ***Lorsqu'il n'y a point de vision, le peuple est sans frein ; mais heureux est celui qui garde la loi !*** »
Proverbes 29 :18

DEUXIEME PARTIE :

JE SAIS OÙ JE VAIS

SACHEZ Où VOUS ALLEZ

Il n'y a rien de plus frustrant et déstabilisant que de ne pas savoir où l'on va.

Ayez un repère sans lequel vous vous perdrez. Car votre vie est un long voyage qui nécessite une préparation. Vous avez besoin d'être équipé d'une boussole afin de ne pas perdre le cap.

« Ta parole est une lampe à mes pieds, et une lumière sur mon sentier. »

Psaume 119 :105

FIXEZ-VOUS DES BUTS A ATTEINDRE

Sans but, il est difficile pour vous de marquer des points.

Sans but, vous allez courir dans tous les sens et vous ne serez pas productifs, vous gaspillerez inutilement votre énergie.

« L'Eternel a fait toute chose en vue d'un but ; Ainsi le méchant pour le jour du malheur. »
Proverbes 16 :4

FIXEZ-VOUS DES PRIORITES

Sans priorités, vous ne pouvez rentabiliser votre temps. Le temps ne s'achète pas.

Vous pouvez tout faire. Mais posez-vous la question : est-ce que tout est utile ?
Alors faites une liste de vos priorités si vous voulez que votre journée soit efficace. Restez sur l'essentiel.

« Tout est permis, mais tout n'est pas utile ; tout est permis, mais tout n'édifie pas. »
1Corinthiens 10 :23

VISEZ L'EXCELLENCE

Visez l'excellence si vous voulez bannir toute médiocrité de votre vie.

Appréciez chaque étape, mais ne vous contentez pas d'y rester parce que <u>vous pouvez toujours faire mieux.</u>

« Au reste, frères, que tout ce qui est vrai, tout ce qui est honorable, tout ce qui est juste, tout ce qui est pur, tout ce qui est aimable, tout ce qui mérite l'approbation, ce qui est vertueux et digne de louange, soit l'objet de vos pensées. »
<u>Philippiens 4 :8</u>

TROISIEME PARTIE

JE VISE UN RESULTAT

AYEZ LA NOTION DE LA CROISSANCE

Tout ce qui ne grandit pas est malade.
Refusez le statut quo.

Toute chose est appelée à grandir. C'est le processus normal.

« Dieu les bénit, et Dieu leur dit : Soyez féconds, multipliez, remplissez la terre, et l'assujettissez ; et dominez sur les poissons de la mer, sur les oiseaux du ciel, et sur tout animal qui se meut sur la terre. »
Genèse 1 :28

SOYEZ MOTIVES !

Vous ne pouvez pas devenir un champion si vous ne vous entrainez pas.

Si vous n'êtes pas motivé, il vous sera difficile de vous imposer un rythme de travail. Les efforts que vous fournissez aujourd'hui, vous procureront une grande joie demain.

« Tous les athlètes s'imposent toutes sortes de privations, et ils le font pour obtenir une couronne qui va se détruire ; mais nous, c'est pour une couronne indestructible. Moi donc, je cours, mais pas comme à l'aventure ».

1Corinthiens 9 :25-26

SOYEZ COURAGEUX !

Le courage est l'une des qualités que Dieu a recommandées à Josué ; ce qui lui a permis de braver l'impossible : les murs de Jéricho.

Dieu a pris le temps d'encourager Josué. L'encouragement conduit une personne à donner le meilleur d'elle.

Le plus souvent ce n'est pas le talent qui vous manque mais plutôt du COURAGE

« Fortifie-toi et prends courage, car c'est toi qui mettras ce peuple en possession du pays que j'ai juré à leurs pères de leur donner. »
Josué 1 :6-7

NE BAISSEZ JAMAIS LES BRAS !

Vous pouvez être incompris mais cela n'est pas une raison valable de jeter l'éponge.

Parce que le découragement est destructeur, il a la force d'enterrer vif un projet.

N'abandonnez jamais !

« Fortifiez donc vos mains languissantes Et vos genoux affaiblis ; »
Hébreux 12 :12

NE VOUS PLAIGNEZ PAS, MAIS AGISSEZ

Vous êtes responsable de votre succès ou de votre échec.

Ne vous apitoyez pas sur votre situation, mais soyez plutôt un homme d'action car c'est ce que les gens attendent de vous et c'est ce que Dieu attend de vous. Or souvent, vous êtes le fruit de votre imagination de votre pensée ou de votre résignation.

« L'Éternel se tourna vers lui, et dit : <u>Va avec cette force que tu as</u>, et délivre Israël de la main de Madian ; n'est-ce pas moi qui t'envoie ? Gédéon lui dit : Ah ! Mon Seigneur, avec quoi délivrerai-je Israël ? Voici, ma famille est la plus pauvre en Manassé, et je suis le plus petit dans la maison de mon père. »

<u>Juges 6 :14-15</u>

QUATRIEME PARTIE :

JE M'ENTRETIENS

NE VOUS SURCHARGEZ PAS

Ne vous chargez pas inutilement.

Mais organisez vous et apprenez à déléguer une partie de votre travail, à responsabiliser vos collaborateurs.

Vous serez plus efficace.

« Je t'ai laissé en Crête, afin que tu mettes en ordre ce qui reste à régler, et que, selon mes instructions, tu établisses des anciens dans chaque ville. »
Tite 1 :5

FAITES UN NETTOYAGE

Eliminez tout ce qui est négatif.

Les encombrants, vous empêchent d'aller plus vite. Alors, assainissez votre environnement.

« Asa fit ce qui est bien et droit aux yeux de l'Eternel son Dieu et fit disparaître les autels de l'étranger et les hauts lieux, il brisa les statues et abattit les idoles… il fit disparaître de toutes les villes de Juda les hauts lieux et les statues consacrées au soleil. Et le royaume fut en repos devant lui. »

2 Chronique 14 :2-5

RESTEZ LUCIDE

N'ayez pas trop la tête dans le guidon : la lucidité risque de vous échapper et vous tomberez vite dans la routine.

Quand on a la tête froide, on prend de bonnes décisions.

Le beau-père de Moïse lui dit : Ce que tu fais n'est pas bien. Tu t'épuiseras toi-même, et tu épuiseras ce peuple qui est avec toi ; car la chose est au-dessus de tes forces, tu ne pourras pas y suffire seul. »

<u>EXODE 18:14-18</u>

N'AYEZ PAS PEUR DE CE QUE DISENT LES AUTRES

Acceptez les critiques, sans lesquelles vous ne pourriez vous améliorer. Car la seule façon de progresser, c'est d'être critiqué.

Mais ne mettez pas tout non plus à la poubelle à cause des critiques.

« Ne fais pas attention à toutes les paroles qu'on dit, de peur que tu n'entendes ton serviteur te maudire ». Ecclésiaste 7 :21

CINQUIEME PARTIE :

JE ME DISCIPLINE

APPRENEZ DE VOS ERREURS

Ne restez jamais sur un échec. Mais tirez des leçons de vos erreurs pour mieux vous améliorer.

Comme le dit l'adage : il n'y a que les imbéciles qui ne changent pas d'avis !

« Mais celui qui avait été guéri ne savait pas qui c'était ; car Jésus avait disparu de la foule qui était en ce lieu. Depuis, Jésus le trouva dans le temple, et lui dit : Voici, tu as été guéri ; ne pèche plus, de peur qu'il ne t'arrive quelque chose de pire ».
Jean 5 :13-14

NE VOUS CULPABILISEZ PAS

La culpabilité, vous fait rater le but.

La culpabilité ne vient pas de Dieu. Reconnaissez vos erreurs, et poursuivez les objectifs auxquels vous êtes appelés.

Et l'Eternel Dieu appela l'homme et lui dit : Où es-tu ? Et il dit : Je t'ai entendu dans le jardin et j'ai craint, car je suis nu ; et je me suis caché.
Genèse 3 : 9-10

AYEZ UNE BONNE ATTITUDE

Une bonne attitude, procure, à une bonne décision, de bons résultats.

« Caleb fit taire le peuple, qui murmurait contre Moïse. Il dit : Montons, emparons-nous du pays, nous y serons vainqueurs » !

Nombres 13 :30-33

DEVELOPPEZ L'ECOUTE

Vous gagnez le droit de parler, si vous prenez le temps d'écouter les autres.

Une des grandes qualités c'est l'écoute. Si vous ne prenez pas le temps d'écouter les conseils et les avis, il vous serait difficile de progresser.

Ecouter, vous fait gagner des années d'expériences.

« La voie de l'insensé est droite à ses yeux, Mais celui qui écoute les conseils est sage ».
Proverbes 12 :15

FORMEZ-VOUS !

N'arrêtez jamais de vous former. C'est bien d'être un homme expérimenté, mais c'est encore mieux d'être un homme formé. Car l'expérience est basée sur les faits passés.

Il n'y a pas d'âge pour se former. Vous ne pouvez emmener les gens au-delà de vos propres limites. Celui qui arrête de se former, arrête sa croissance.

Josué a accepté d'être formé à côté de Moïse pendant 40 ans, malgré toutes ses expériences. Car ceux qui se forment sont ceux que Dieu utilise demain.

SOYEZ CREATIFS

Vos œuvres parleront de vous.
Même quand vous ne serez plus là.

Ne travaillez pas seulement pour vous, mais pour la génération future.

« Vous donc, fortifiez-vous, et ne laissez pas vos mains s'affaiblir, car il y'aura un salaire pour vos œuvres. »
2 Chroniques 15 :7

SIXIEME PARTIE :

JE RESTE OUVERT

SOYEZ RELATIONNEL

Développez vos relations, plutôt que de rester sur votre savoir.

Le plus important ce n'est pas ce que vous savez, mais qui vous connaissez.

« Philippe accourut, et entendit l'Ethiopien qui lisait le prophète Esaïe. Il lui dit : Comprends-tu ce que tu lis ? Il répondit : Comment le pourrais-je, si quelqu'un ne me guide ? Et il invita Philippe à monter et à s'asseoir avec lui ». Actes 8 :30-3

PARTAGEZ VOS IDEES

Ne gardez jamais vos idées pour vous mais partagez-les avec ceux qui peuvent vous aider à les réaliser.

Avoir des idées, c’est bien mais avoir les moyens de les réaliser, c’est encore mieux.

« Nous rebâtîmes la muraille, qui fut partout achevée jusqu'à la moitié de sa hauteur. Et le peuple prit à cœur ce travail ».

Néhémie 4 :6:

CHOISISSEZ VOS AMIS

Mettez vous avec les gens qui vous tirent vers le haut. Car vos associations sont indispensables pour votre parcours.

Une seule recommandation d'un ami peut vous sortir de l'anonymat. C'est toujours quelqu'un qui te présente aux autres.

« Alors Barnabas, l'ayant pris avec lui, le conduisit vers les apôtres, et leur raconta comment sur le chemin Saul avait vu le Seigneur, qui lui avait parlé, et comment à Damas il avait prêché franchement au nom de Jésus ».

Actes 9 :27

FAITES EQUIPE AVEC CEUX QUI GAGNENT

Mettez vous toujours avec ceux qui sont meilleurs.

Choisissez bien vos associés. Vous réussissez quand vous avez une bonne équipe derrière vous.

« Et si quelqu'un est plus fort qu'un seul, les deux peuvent lui résister ; et la corde à trois fils ne se rompt pas facilement ».
Ecclésiaste 4:12

NE LAISSEZ PAS PASSER LES OCCASIONS

Les moments favorables sont rares. Alors ne laissez jamais passer votre tour.

Ne ratez pas les occasions que Dieu vous accorde. Car c'est toujours le bon moment de faire vos preuves ou d'exprimer vos talents.

« ***Moïse dit à l'Éternel : Ah ! Seigneur, je ne suis pas un homme qui ait la parole facile, et ce n'est ni d'hier ni d'avant-hier, ni même depuis que tu parles à ton serviteur ; car j'ai la bouche et la langue embarrassées.*** »
Exode 4 :10

NE VOUS ISOLEZ PAS

Il n'est pas bon que l'homme soit seul.

Soyez là où les bonnes et grandes décisions sont prises. Vous risquez de ratez un grand virage de votre vie.

« Le jour de la pentecôte, ils étaient tous ensemble dans le même lieu ».
Actes 2 :1

SORTEZ DE TEMPS EN TEMPS

Occupez l'espace !

N'hésitez pas d'aller voir ce qui se passe ailleurs pour vous enrichir. Le monde ne se limite pas à vous.

« Elargis l'espace de ta tente ;
Qu'on déploie les couvertures de ta demeure : Ne retiens pas ! Allonge tes cordages, Et affermis tes Pieux ! »
Esaïe 54 :2

SEPTIEME PARTIE :

J'AI DES VALEURS

SOYEZ UN HOMME DE VALEURS

Reconnaissez votre valeur, et ne vous méprisez pas.

Votre valeur est une force, une force qui peut soulever des montagnes. Elle pourra devenir aussi une source de bénédiction pour une multitude.

« Je te loue de ce que je suis une créature si merveilleuse. Tes œuvres sont admirables, Et mon âme le reconnaît bien ».
Psaumes 139 :14

VEILLEZ SUR VOTRE SANTE

C'est votre responsabilité et votre devoir d'en prendre soin.

Vous ne pouvez pas aller plus loin si vous n'êtes pas en bonne santé. Car la santé de votre succès dépend de votre santé physique, émotionnelle et spirituelle.

« Mon fils, sois attentif à mes paroles, Prête l'oreille à mes discours. Qu'ils ne s'éloignent pas de tes yeux ; Garde-les dans le fond de ton cœur ; Car c'est la vie pour ceux qui les trouvent, C'est la santé pour tout leur corps. Garde ton cœur plus que toute autre chose, Car de lui viennent les sources de la vie. »

Proverbes 4 :20-23

PROTEGEZ VOTRE FAMILLE

Donnez-lui des valeurs sûres.

Le seul endroit où vous êtes en sécurité est votre famille. Quand elle est forte alors vous serez forts. Elle ne doit pas être seulement un refuge, mais un havre de paix.

« Moi et ma maison, nous servirons l'Eternel ».
<u>Josué 24 :15</u>

SOYEZ UN HOMME ENGAGE

Allez jusqu'au bout.

Votre effort doit être à la hauteur de votre engagement.

« Ils prirent l'engagement de chercher l'Eternel, le Dieu de leurs pères, de tout leur cœur et de toute leur âme ; »
<u>2 Chroniques 15 :12</u>

SOYEZ UN HOMME DE FOI

La foi vous permet de tenir bon quand tout va mal. Un homme sans la foi est semblable au flot de la mer, agité par le vent et poussé de côté et d'autre. C'est un homme irrésolu, inconstant dans toutes ses voies.

« Je puis tout par celui qui me fortifie ». Philippiens 4 :13

SOYEZ UN MODELE

Ne soyez pas un homme plein de paroles, mais un homme d'action.

Les œuvres parlent mieux que les paroles !

« Que personne ne méprise ta jeunesse ; mais sois un modèle pour les fidèles, en parole, en conduite, en amour, en foi, en pureté ».
1 Timothée 4 :12

RESPECTEZ VOS ENGAGEMENTS

C'est bien de faire de promesses, c'est mieux de les tenir.

Ne promettez jamais ce que vous ne pouvez pas réaliser.

« Si tu fais un vœu à l'Eternel, ton Dieu, tu ne tarderas point à l'accomplir. Car l'Eternel, ton Dieu, t'en demanderait compte, et tu te chargerais d'un péché ».
Deutéronome 23 :21

SORTEZ DE LA DETTE !

L'argent a besoin d'un maître. Si vous ne le dominez pas, il vous dominera.

Sortez des dettes ; faites un budget, ne dépensez pas plus que ce que vous avez.

Ne sera-t-il pas pour tous un sujet de sarcasme, De railleries et d'énigmes ? On dira : Malheur à celui qui accumule ce qui n'est pas à lui ! Jusques à quand ? ... Malheur à celui qui augmente le fardeau de ses dettes !

SOYEZ UN BON GESTIONNAIRE

Faites croître et multiplier ce que vous avez. Tout se gère.

On n'est pas béni pour écraser les autres, mais on est béni pour servir. Vous êtes béni pour servir et non pour asservir.

« L'homme bon tire de bonnes choses de son bon trésor, et l'homme méchant tire de mauvaises choses de son mauvais trésor ».
Matthieu 12 :35

SOYEZ SENSIBLE

Que votre cœur soit toujours prompt à faire du bien.

Ne vous lassez pas de faire du bien. Les gens ne vous suivront pas si vous n'êtes pas sensibles à leur quotidien.

« Et voyant les foules, il fut ému de compassion à leur sujet ; car elles étaient fatiguées et gisantes comme des brebis qui n'ont point de berger. »
Matthieu 9 :36-38

SOYEZ GENEREUX

Ayez-en vous la notion de partage. Un homme qui donne est béni en retour.

Il y a une plus grande bénédiction pour le donneur que le receveur. Votre bénédiction est d'avantage liée à ce que vous donnez qu'à ce que vous recevez.
Ne vous lassez pas de faire du bien.

« Il y a plus de bonheur à donner qu'à recevoir ».
Actes 20 :35

POUR RESUMER...

AYEZ DES PRINCIPES

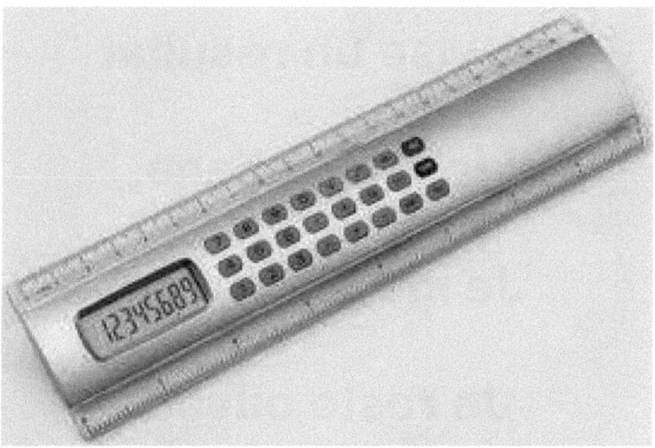

Les Méthodes changent mais les Principes restent les mêmes.

Je vois loin

Je sais où je vais

Je vise un résultat

Je l'entretiens

Je me discipline

Je reste ouvert

J'ai des valeurs

ET…

JE REUSSIS !

TABLE DES MATIERES

AMELIOREZ VOTRE POTENTIEL !

Après plusieurs années passées, dans l'accompagnement de personnes ayant divers profils, dans la formation et l'enseignement en tant que Pasteur, j'ai eu à cœur de forger un outil qui aiderait chacun à activer le meilleur de lui.
C'est alors que j'ai trouvé ce moyen judicieux et accessible à tous : un livre illustré qui résume quelques principes fondamentaux de vie.
Ces principes m'ont éclairé et ont stimulé toutes les personnes à qui je les ai transmises.
Que vous soyez sans emploi, jeune diplômé, ou cadre, chrétien ou non, ce livre vous sera d'une aide inestimable pour rendre visibles et opérationnels les talents qui sommeillent en vous.

« ***Tout est possible à celui qui croit.*** »

Hippolyte DURANDEAU

Communicateur passionné et dynamique, Hippolyte DURANDEAU est le Pasteur Fondateur de l'église Christ Lumière des Nations, situé à Santeny. Touché par l'amour du Christ dès son plus jeune âge, il est aujourd'hui un enseignant de grand talent, et l'un des Responsables du comité Equip Centrafrique, programme EQUIP de John Maxwell, qui a pour objectif de former les futurs leaders de demain.

Table des Matières

Printed by Books on Demand GmbH, Norderstedt / Germany